# *SOUS VIDE*
# E CHURRASCO

# *SOUS VIDE* E CHURRASCO

ALEXANDRE VARGAS

EDITORA SENAC RIO – RIO DE JANEIRO – 2022

*Sous vide e churrasco* © Alexandre Vargas, 2022.

Direitos desta edição reservados ao Serviço Nacional de Aprendizagem Comercial – Administração Regional do Rio de Janeiro.

Vedada, nos termos da lei, a reprodução total ou parcial deste livro.

**Senac RJ**

**Presidente do Conselho Regional**
Antonio Florencio de Queiroz Junior

**Diretor Regional**
Sergio Arthur Ribeiro da Silva

**Diretor de Operações Compartilhadas**
Pedro Paulo Vieira de Mello Teixeira

**Diretor de Educação Profissional Interino**
Claudio Tangari

**Editora Senac Rio**
Rua Pompeu Loureiro, 45/11° andar
Copacabana – Rio de Janeiro
CEP: 22061-000 – RJ
comercial.editora@rj.senac.br
editora@rj.senac.br
www.rj.senac.br/editora

**Editora**
Daniele Paraiso

**Produção editorial**
Cláudia Amorim (coordenação), Manuela Soares (prospecção), Andréa Regina Almeida, Gypsi Canetti e Michele Paiva (copidesque e revisão de textos), Priscila Barboza, Roberta Silva e Vinícius Silva (design)

**Projeto gráfico de capa e de miolo e diagramação**
Gustavo Coelho

**Copidesque e revisão de texto**
Jacqueline Gutierrez

**Fotografia**
Gui Teixeira

**Impressão:** Imos Gráfica e Editora Ltda.
**1ª edição:** agosto de 2022

---

**CIP-BRASIL. CATALOGAÇÃO NA PUBLICAÇÃO**
**SINDICATO NACIONAL DOS EDITORES DE LIVROS, RJ**

---

V426s

Vargas, Alexandre
Sous vide e churrasco / Alexandre Vargas. - 1. ed. - Rio de Janeiro : Ed. Senac Rio, 2022.
112 p. ; 23 cm.

ISBN 978-65-86493-65-8

1. Gastronomia. 2. Culinária - Sous vide. I. Título.

---

22-78689

CDD: 641.5
CDU: 641.5

---

Gabriela Faray Ferreira Lopes - Bibliotecária - CRB-7/6643

# Sumário

PREFÁCIO .................................................................. 9
INTRODUÇÃO ............................................................ 11

## *SOUS VIDE* • 15

O que é *sous vide* .................................................. 15
Embalagens para cocção *sous vide* ........................... 17
Seladoras a vácuo ................................................... 19
Tempero .............................................................. 19
Embalagem a vácuo do alimento para cocção ............... 20
Equipamentos de cocção .......................................... 24
Recipientes ........................................................... 27
Cocção *sous vide* ................................................. 30
Cocção direta e cocção indireta ................................. 31
Regeneração ......................................................... 31
Segurança alimentar ............................................... 32

## CARNES • 37

Carnes macias e carnes firmes ................................... 37
Ponto da carne ...................................................... 38
Fatores que afetam a qualidade das carnes ................... 40

## FOGO • 43

Assado de tira ....................................................... 46
Linguiça suína ....................................................... 46
Picanha fatiada ...................................................... 46
*Short ribs* ........................................................... 47
Picanha inteira ...................................................... 47
Paleta de cordeiro .................................................. 48
Milho-verde grelhado .............................................. 50
Costela bovina ...................................................... 52
Fraldinha ............................................................. 53

Coxinha da asa de frango .................................................................. 54
*Prime rib*.......................................................................................... 56
Cupim .............................................................................................. 57
Hambúrguer ..................................................................................... 58
Polvo para grelhar........................................................................... 62
Cenourinhas para grelhar................................................................ 64
Alho-poró para grelhar .................................................................... 66
Salada de beterraba......................................................................... 68

# FUMAÇA • 71

Sobrecoxa de pato defumada .......................................................... 76
*Brisket* ............................................................................................. 78
Língua e *shiitake* defumados .......................................................... 82
Costelinha suína com molho *barbecue*............................................ 84
*Pulled pork*...................................................................................... 86
Salmão defumado............................................................................ 90
Bacon .............................................................................................. 94
Maionese defumada de batata......................................................... 98

# RUBS E MOLHO BARBECUE •105

# ANTES DE A BRASA APAGAR • 107

# REFERÊNCIAS • 109

# PREFÁCIO

Nasci em uma família de açougueiros e criadores de gado. Cresci ouvindo de meu pai, que cresceu ouvindo de meu avô, que "o boi é um animal sagrado" e, para justificar seu sacrifício, estes cuidados são essenciais: em vida, bem-estar, respeito e dignidade; e após a morte, nada de desperdício. Da língua ao rabo, cada pedaço deve ser mais que valorizado, quiçá, ovacionado. Os churrascos e preparos com carne sempre fizeram parte dos momentos triviais e especiais em nossa casa, onde a lenha, o fogo e a fumaça quase sempre estiveram presentes. Quando recebi o convite do Alexandre para escrever este prefácio, confesso que, antes de me sentir alegre, fiquei nervoso. Pensei algumas vezes em dizer não e cheguei a digitar uma mensagem para recusar (educadamente) a proposta. Como poderia eu, alguém que até pouco tempo se dizia "contra" a técnica *sous vide*, poder colaborar com uma das maiores referências nacionais no assunto? Logo eu, que fui sempre tão defensor do fogo e dos métodos ancestrais de preparo? Lembrei-me, então, de uma conversa que tive com o Alexandre, quando ele nos convidou para apoiar seu segundo livro. Naquela tarde, ganhei de presente outra perspectiva sobre a história, os princípios e os porquês por trás do preparo. A quebra de paradigma foi tão grande que compramos um termocirculador aqui para casa. Quem diria? É bem verdade que o começo de um bom prato se dá na qualidade da matéria-prima. O bom churrasco começa na genética, na nutrição e nos cuidados com o boi. Um cozinheiro ruim pode estragar um ingrediente de boa qualidade, mas não há cozinheiro (nem santo) que consiga melhorar um ingrediente de qualidade ruim. A ideia de combinar insumos de qualidade ancestrais com a tecnologia começou a me despertar cada vez mais interesse, principalmente no que diz respeito ao preparo de cortes menos populares, os conhecidos cortes de segunda. Tudo bem fazer preparos com o contrafilé e com a picanha, mas que tal tentar algo com a língua, com a bochecha e com o rabo? Para cada 3 quilos de filé-mignon (que são muito bem-vindos), o boi nos oferece 16 quilos de coxão mole, que, se preparados da maneira correta, podem ser (e geralmente ficam) muito melhores que o famoso filé. Os leitores têm, a partir de agora, em suas mãos um manual de descoberta de novos sabores e texturas, que talvez faça com que a preferência dos cortes favoritos de cada um seja até mudada. O boi agradece!

Caros leitores, degustem a riqueza das páginas a seguir. Primeiro, leiam e comam com os olhos; mas, por favor, não deixem o livro todo babado. Em seguida, divirtam-se em todo o preparo, ousem comer aquilo que nunca imaginaram! E, para finalizar, comam com presença, honre o alimento e o compartilhem com pessoas especiais. Façam de cada momento uma boa memória!

*Ricardo Rodante Sechis*
(Beef Passion/Ricc)

# INTRODUÇÃO

Uma das memórias mais felizes da minha adolescência em Brasília era juntar meus colegas da rua e fazer um churrasquinho, seja na churrasqueira da casa de alguém, seja em uma churrasqueira improvisada com tijolos de obras dos arredores. Sempre me fascinei por cozinhar com fogo. No entanto, o churrasco sempre representou algo mais que brincar com fogo e assar uma carne para comer. Para mim, era, e ainda é, uma excelente desculpa para reunir pessoas queridas em volta de um fogo e de uma boa comida.

No livro *Sous vide: manual para cocção em baixa temperatura*, que escrevi com meu amigo Bruno Rappel, apresentamos, com muito carinho, a técnica com uma descrição mais extensa sobre equipamentos, estratégias de cocção e operações, legislação e processos. De modo diferente, *Sous vide e churrasco* não tem o intuito de ser um manual para fonte de consulta para cozinheiros profissionais.

Como em um churrasco descontraído, neste livro quero mostrar para o churrasqueiro de casa um pouco sobre o potencial da técnica *sous vide* em preparos de churrascos e defumados. Ao mesmo tempo, tentei ao máximo trazer informações relevantes para os leitores que fazem do churrasco o seu sustento.

A busca por uma cocção com controle de temperatura não é nova. Por milênios, a espécie humana buscou ter domínio sobre as modificações dos alimentos na cocção, seja com o cozimento de carnes em panelas de argila, seja sob uma camada de sal ou, ainda, dentro de uma bexiga de porco. O resultado foi a criação de várias técnicas de cocção em baixa temperatura (CBT) utilizadas há séculos. Na atualidade, com o advento das máquinas seladoras a vácuo, a cocção precisa, com temperaturas baixas, virou uma realidade nas cozinhas profissional e doméstica.

No churrasco, são vários os exemplos de CBT: a costela de fogo de chão; o cupim no espeto, que fica horas cozinhando na parte mais longe da brasa na churrasqueira; e o *brisket* do *American barbecue*, que leva metade de um dia para ficar pronto. Em todos esses casos, considero a técnica *sous vide* a que possibilita alcançar, de maneira simples, fácil e prática, resultados mais interessantes, se comparados com os das técnicas tradicionais.

Na verdade, o grande objetivo aqui é mostrar o quanto nós, amantes do churrasco, podemos ganhar com o encontro da tecnologia com a tradição. É promover o casamento da cocção com temperatura controlada mais o calor intenso de uma brasa e dar maior precisão às transformações que ocorrem com os alimentos na defumação.

Encurtar o tempo de cocção no fogo viabiliza aumentar a quantidade de alimentos que podem ser levados para o churrasco, o que dá chance de aparecer no churrasco cortes nada tradicionais: uma língua, por exemplo. Além disso, diminuir a exposição do alimento e do churrasqueiro à fumaça é a grande vantagem, na minha opinião, da junção dessa técnica moderna com a tradição do fogo e da defumação.

*SOUS VIDE* E CHURRASCO

Para finalizar, deixo aqui meu agradecimento para todos os parceiros que acreditaram no projeto e tornaram possível a concretização deste livro. Muitas das receitas e relações temperatura e tempo a seguir apresentadas são fruto de muita fumaça na cara e de muita quentura na barriga com dois grandes amigos: Bruno Rappel e Bruno Macarrão.

Obrigado a toda a equipe da SystemVac, pela parceria com os equipamentos e nos treinamentos que ajudam a difundir essa técnica pelo Brasil. O aumento da utilização dessa técnica no país se deve muito ao trabalho sério da equipe inteira e dos equipamentos de qualidade que vocês têm disponibilizado. Agradeço à Beef Passion a confiança no projeto. Foi um prazer trabalhar com carnes de tamanha qualidade e produzidas com tanto carinho e dedicação. Muito obrigado a toda a equipe da King's Barbecue, que acreditou no projeto desde o início. O *pitsmoker*, fruto dessa parceria, foi crucial para toda a pesquisa sobre *sous vide* e defumação para este livro.

As fotos do *Sous vide e churrasco* são resultado de uma sessão em 2 dias terrivelmente quentes, mas que foram muito divertidos graças a uma equipe extremamente capacitada formada por: Gui Teixeira, Felipe Paz, Cybelle Felipe e Samuel Malta. Sou muito grato ainda ao Gustavo Coelho, pelo empenho e pela competência na edição e diagramação deste livro. Agradeço à Editora Senac Rio a parceria e o excelente trabalho.

INTRODUÇÃO

# *SOUS VIDE*

## O que é *sous vide*

A resposta mais simples seria: *sous vide* é uma expressão em francês que significa "sob vácuo" e, como o próprio nome indica, trata-se de um método para cozinhar alimentos embalados a vácuo.

No entanto, sinceramente, considero essa resposta muito simplista. O maior objetivo da cocção *sous vide* é cozinhar a comida para alcançar a temperatura-alvo durante um período que viabilize a cocção perfeita (se é que isso existe). Apesar de o termo *sous vide* se disseminar cada vez mais, a técnica consiste principalmente em cozinhar o alimento com temperaturas baixas de maneira precisa. É possível cozinhar alimentos em um equipamento para *sous vide*, como o termocirculador, sem que estes estejam embalados a vácuo, e conseguir resultados iguais ou semelhantes aos da técnica *sous vide*.

O procedimento de dispor os alimentos dentro de sacos resistentes a temperaturas extremas e retirar todo o ar para depois fazer a cocção traz uma série de vantagens, como a redução da oxidação de substâncias dos alimentos, a perda de suculência e sabor para o meio de cocção e a desaceleração do crescimento microbiano. Para alcançar, com facilidade e precisão, resultados difíceis de se obter com as técnicas tradicionais, o vácuo, porém, não é imprescindível. A dica é o controle do tempo e da temperatura a que você está expondo seu alimento.

Conseguir o ponto de cocção preciso significa respeitar as características organolépticas originais do produto. Assim, a cocção *sous vide* preserva melhor o sabor e os aromas, ao conservar todas as substâncias voláteis e hidrossolúveis dentro do alimento. Além disso, reduz a destruição dos nutrientes, ao manter, ao máximo, a qualidade do produto.

Apesar de não ser o foco deste livro, é interessante ressaltar que, no cenário de uma cozinha profissional, a cocção *sous vide*, ao lado do armazenamento a vácuo, possibilita ainda cozinhar a comida para armazenamento antes do serviço, de modo seguro e sem perda da qualidade. Carnes de cocções longas podem estar prontas para envio em minutos. Além disso, com um controle mais fácil das alterações nos alimentos, os funcionários podem se concentrar em outros preparos, o que torna o trabalho mais eficiente.

SOUS VIDE E CHURRASCO

*SOUS VIDE*

# Embalagens para cocção *sous vide*

Ao se trabalhar com *sous vide*, é necessário colocar o alimento em embalagens para retirar o oxigênio em contato com o alimento ou simplesmente para isolar o alimento do banho de cocção. As embalagens mais utilizadas são as de plástico.

Ainda há certo preconceito de cozinhar com plástico. Na última década, foram feitas diversas pesquisas sobre o efeito nocivo de aquecer alimentos em alguns tipos de plástico. Esses estudos algumas vezes obtinham resultados totalmente diferentes entre si e, muitas vezes, eram apresentados de maneira muito simplificada pela mídia, o que ajudou a deixar o consumidor bastante confuso com relação ao tema. De acordo com as pesquisas mais recentes, as embalagens plásticas mais seguras são feitas de polietileno de alta densidade, polietileno de baixa densidade ou de polipropileno. Esses materiais não liberam bisfenol-A (BPA), ftalatos ou dioxina, substâncias que muitos estudos relatam como potencialmente cancerígenas.

Há dois tipos de embalagens para máquinas de vácuo: (i) as para conservação; e (ii) as para cocção a vácuo. As embalagens para conservação se apresentam em várias espessuras (medidas em mícrons), têm poucas camadas e não são resistentes a temperaturas superiores a 60 °C. Por isso, não se deve colocar uma carne com a embalagem original no banho da técnica *sous vide*; essa embalagem não é própria para cocção *sous vide*. Em sua maioria, as embalagens para *sous vide* são feitas de polietileno ou polipropileno, com sete camadas, 10 micras e são resistentes a temperaturas entre -30 °C e 100 °C. É importante ficar atento, porque algumas seladoras a vácuo portáteis exigem embalagens gofradas (com ranhuras), enquanto outras aceitam embalagens lisas e gofradas.

Uma opção para utilizar a técnica *sous vide* sem uma seladora a vácuo é usar embalagens com fecho *zip* resistentes a temperaturas extremas. Essas embalagens, em geral, são feitas de materiais seguros e suportam temperaturas entre -30 °C e 70 °C. Com a inserção lenta da embalagem no banho quente, o ar frio é expulso e é formado o vácuo. Depois, basta fixar a embalagem no recipiente (um prendedor de varal de roupa serve!). Essa técnica não é aconselhável para cocções com temperaturas superiores a 60 °C e por mais de 2 horas.

Considero que um dos grandes problemas da cocção *sous vide* seja o excesso de lixo plástico resultante das embalagens. No mercado internacional, há algumas alternativas, como as embalagens de silicone *platinum*, que suportam temperatura e podem ser reutilizadas inúmeras vezes. Nesse caso, não é uma embalagem para selagem a vácuo, mas, com o uso da mesma técnica descrita para embalagens com fecho *zip*, é possível realizar de modo satisfatório a cocção *sous vide*.

## Seladoras a vácuo

São várias as opções de máquinas seladoras a vácuo: a seladora a vácuo portátil; a seladora a vácuo de câmara; a seladora de bandeja; e termoformadora. As seladoras a vácuo portáteis estão cada vez mais populares em cozinhas domésticas e em pequenas operações por serem fáceis de transportar e terem preços mais acessíveis, se comparadas com outros modelos. Como dito, algumas seladoras portáteis utilizam sacos com ranhuras, chamados de embalagens gofradas, que são diferentes das embalagens lisas usadas, com frequência, em seladoras a vácuo.

Como usam uma válvula de sucção que entra na embalagem em que está o alimento, a maioria dessas máquinas não é capaz de envasar líquidos. Isso é um limitador, caso você queira envasar o alimento com um pouco de marinada ou de azeite. Uma solução, não muito prática, é congelar o líquido antes de embalar.

## Tempero

Deve-se ter todo um cuidado ao temperar alimentos para a *sous vide*. Embalar os alimentos em sacolas a vácuo evita que os aromas se volatizem e retém o líquido do alimento (cheio de sabor) que se perderia durante a cocção; o que pode ser uma armadilha para quem não está acostumado.

Sal e pimenta devem ser usados com cuidado, na medida em que praticamente não haverá perda desses temperos por meio da cocção. Uma boa dica é colocar uma pequena quantidade desses temperos antes da cocção e corrigir a quantidade desejada na hora de servir o alimento.

Há uma grande discussão sobre colocar sal na carne antes ou depois da cocção. Muitos churrasqueiros são radicalmente contra temperar as carnes antes para cocções rápidas, e isso faz muito sentido.

Antes de penetrar na carne, o sal precisa se dissolver. E, para se dissolver, precisa de mais tempo que o necessário para deixar um bife de picanha ao ponto em uma grelha. O sal leva cerca de 10 minutos para penetrar 1 centímetro na carne. Além disso, durante o cozimento, a superfície da carne contrai, seca e expulsa água. Em uma grelha, o vapor sai com tanta força que afasta alguns dos grãos de sal.

Na *sous vide*, como se trabalha com temperaturas baixas, isso não ocorre. Aliás, o tempo de cocção maior, comparado com o das cocções normais, possibilita que na *sous vide* o sal penetre na carne.

O grande argumento de quem é contra temperar antes é que o sal faz com que a carne expulse água. Isso é um fato, mas depende da quantidade de sal, do tipo de animal e corte da carne. Essa perda é mais rápida para carnes de aves e suína,

*SOUS VIDE* E CHURRASCO

e muito mais lenta para a carne bovina. No entanto, em ambos os casos, leva-se muito tempo para isso ocorrer.

Apesar de haver essa perda de água após um tempo da salga, temperar com sal antes da cocção pode ajudar a deixar a carne mais suculenta! Isso porque, conforme o sal é absorvido pela carne, os íons cloreto vão se acumulando entre as proteínas miofibrilares que formam a fibra muscular, o que resulta em um efeito chamado de repulsão eletrostática. Esse fenômeno causa uma repulsão entre as proteínas, provocando entrada de água. Esse efeito positivo do sal na suculência é mais fácil de ser observado em salmouras. Carnes suína e de aves ganham bastante suculência com uma salmoura antes da cocção.

## Embalagem a vácuo do alimento para cocção

O processo de selagem a vácuo em uma seladora portátil é relativamente simples: coloque o alimento na embalagem, respeitando o tamanho adequado e deixando um espaço para solda; disponha a embalagem na máquina; feche a seladora e comece o processo de vácuo.

Alguns cuidados são essenciais para garantir um fechamento perfeito da embalagem. Ao inserir o alimento na sacola, evite que sua mão entre junto. Não sujar a parte final da embalagem na qual será feito o selamento é fundamental. Além disso, ao dispor a embalagem na seladora, tenha atenção à embalagem para não criar dobras que causem mau fechamento. Quando o processo for finalizado, sempre verifique se a embalagem está selada por completo, pois isso evita surpresas indesejadas durante a cocção, como embalagens abertas e boiando.

SOUS VIDE

*SOUS VIDE* E CHURRASCO

SOUS VIDE

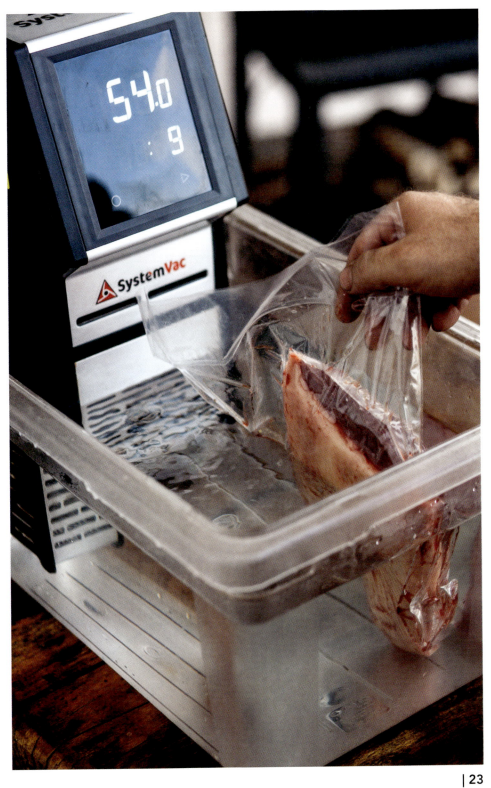

*SOUS VIDE* E CHURRASCO

# Equipamentos de cocção

Além do vácuo, o que define a *sous vide* é o rígido e necessário controle da temperatura. No dia a dia, mesmo sem perceber, trabalhamos com equipamentos com controle de temperatura. Seu forno de casa, por exemplo, conta com um termostato que tenta manter a temperatura na qual você colocou para assar aquela suculenta peça de pernil suíno. No entanto, provavelmente permite que a temperatura do ar varie em, pelo menos, 10 °C, para mais ou menos. Por sua vez, um equipamento para *sous vide* pode manter a temperatura com uma variação de apenas 0,5 °C.

Os equipamentos mais utilizados para *sous vide* são os termocirculadores de imersão. A água é um condutor de energia mais eficiente que o ar ou o vapor, e a cocção nesse meio possibilita maior eficiência energética e melhor controle da temperatura de cocção. Os termocirculadores aquecem o banho de água e mantêm a circulação para homogeneização da temperatura, o que evita zonas frias.

Os termocirculadores foram criados para uso laboratorial, mas, com a expansão do emprego da técnica *sous vide* na década de 1970, começaram a ser utilizados na cozinha profissional. Atualmente, é possível encontrar equipamentos voltados para uso doméstico com potência entre 600 e 800 watts para aquecer até 30 litros. Muitos desses equipamentos vêm com uma interface de fácil uso, incluindo Wi-Fi e Bluetooth, para uso de aplicativos que programam em smartphones a temperatura e o tempo necessários para cada receita.

É possível executar *sous vide* sem termocirculador, com o uso de um termômetro e um recipiente muito eficiente em isolamento térmico, como uma caixa térmica. Isso é um excelente plano B para o caso de faltar energia elétrica durante a cocção. Ferva a água em uma panela e controle a temperatura com o termômetro. Nesse caso, não é possível ter um controle superpreciso de temperatura, então trabalhe com uma faixa entre 2 °C e 3 °C, para mais ou para menos. Por exemplo, para uma cocção a 55 °C, aqueça o banho até 58 °C e, quando a temperatura baixar para 52 °C, adicione mais água quente até alcançar novamente 58 °C.

SOUS VIDE

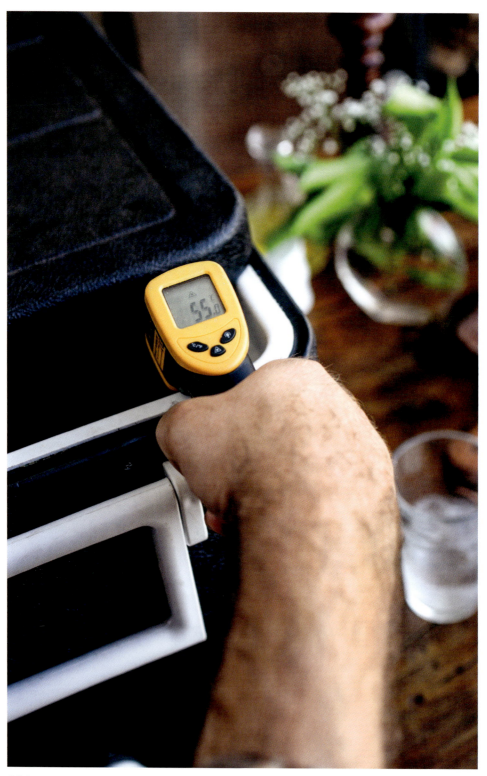

# Recipientes

A escolha do recipiente para o banho de água é muito importante a fim de garantir o sucesso da técnica *sous vide*. Se o banho estiver mal isolado e/ou descoberto, um termocirculador de baixa potência pode não ser capaz de manter a temperatura. Há diversas opções de recipientes, mas os principais são a caixa térmica, a panela de metal e o recipiente de policarbonato.

As caixas térmicas são isoladas de modo que preservem o calor, reduzindo a quantidade de energia necessária para manter o aquecimento. No que diz respeito à eficiência energética, essa é a melhor opção entre os recipientes descritos aqui. Além disso, elas podem ter uma função dupla no churrasco: primeiro cozinhar a carne e depois gelar as bebidas.

Um utensílio metálico de cozinha pode ser usado como recipiente de banho de água. Idealmente, esse pote ou essa panela deve ter, pelo menos, 20 centímetros de profundidade, cerca de 30 centímetros de diâmetro e capacidade de 10 a 20 litros. A maior vantagem é que provavelmente você tem um deles em sua cozinha. A principal desvantagem é que o metal é um excelente condutor de calor, por isso esse recipiente tem uma das menores eficiências energéticas. Dessa maneira, o termocirculador de imersão precisa trabalhar constantemente para manter a temperatura, aumentando o consumo de energia. Além disso, um recipiente redondo não é ideal para algumas cocções, uma vez que peças grandes, como costelas bovinas, dificilmente ficam totalmente imersas.

Os recipientes de policarbonato são os mais populares para banhos de água na cocção *sous vide*. São, na realidade, concebidos como recipientes de armazenamento de alimentos, e existem muitos de boa qualidade disponíveis na maioria das lojas de equipamentos de cozinha. Há uma série de vantagens em sua utilização: são transparentes, o que facilita a visualização de como seu alimento está cozinhando; são retangulares, forma que normalmente torna mais fácil organizar as bolsas a serem cozidas; e são leves e versáteis, possibilitando outros usos na cozinha. Apesar de serem resistentes, a grande desvantagem é que uma pequena fissura no policarbonato pode resultar em sua aposentadoria.

Além da escolha do recipiente, a cobertura é muito importante para a cocção *sous vide*. Uma tampa melhora o desempenho do aquecimento e limita a evaporação. Além da tampa do recipiente, que pode ser adaptada para a entrada do termocirculador, há outras opções para cobrir o banho de água, como filme PVC e papel-alumínio.

SOUS VIDE E CHURRASCO

SOUS VIDE

*SOUS VIDE* E CHURRASCO

# Cocção *sous vide*

Após o envase do alimento, chegou a hora da cocção. O passo mais importante, então, é selecionar a temperatura para o banho de água e o tempo de cozimento. Há algumas alternativas de temperatura do banho, mas a melhor opção, para mim, é colocar o banho na mesma temperatura que você deseja que o centro do alimento (temperatura coração) alcance.

Esse tipo de cocção é conhecido como cocção em equilíbrio, porque a temperatura do alimento entra em equilíbrio com a temperatura do banho. A vantagem dessa técnica consiste no fato de que é muito mais difícil ocorrer uma supercocção da superfície. A comida leva tempo para atingir a temperatura-alvo, mas o aquecimento é muito gradual durante a parte final do processo de cozimento. Caso você deixe por um tempo acima do recomendado, haverá supercocção do alimento. No entanto, as alterações negativas de uma supercocção por tempo são muito mais suaves se comparadas com as de uma supercocção com temperatura.

Se você, portanto, retirar a comida do banho de água um pouco antes ou deixá-la por mais tempo que o recomendado, nada de muito ruim vai acontecer. A desvantagem dessa abordagem é que a cocção é lenta. A transferência de calor é proporcional à diferença de temperatura entre o alimento e o banho. À medida que a temperatura do alimento se aproxima da temperatura-alvo, o fluxo de calor para o alimento diminui de modo constante. Assim, os tempos de cocção aumentam, e isso pode se tornar um inconveniente se você tiver pressa de servir o alimento.

Controlar o binômio tempo e temperatura é a dica para fazer a cocção em baixa temperatura (CBT). Existe um universo de possibilidades de tempo e temperatura possível de se trabalhar na técnica *sous vide*. Saber qual é a temperatura ideal para cada produto não é uma ciência exata, em razão das peculiaridades das matérias-primas. Assim, é necessário conhecer as características dos alimentos e os recursos técnicos disponíveis para aplicar esse binômio de maneira correta. Cada alimento tem seu tempo e sua temperatura diferentes para alcançar o melhor resultado com segurança.

Na medida em que a temperatura precisa é essencial para a segurança na *sous vide*, é muito importante que as bolsas estejam totalmente imersas no banho aquecido com termocirculador. É imprescindível evitar, ao máximo, as zonas frias em seu banho de cocção. A circulação correta de água no banho evita zonas frias, provocando uma cocção mais homogênea. Recipientes com muitos alimentos dificultam a circulação; assim, deve ser respeitada uma quantidade máxima de sacos no banho para que esse problema não ocorra.

É possível iniciar a cocção *sous vide* com o alimento congelado. Essa técnica é particularmente interessante em carnes de peixes, que são mais sensíveis e perecíveis. Nesse caso, ao pôr o alimento no banho, literalmente se acrescentam pedras de gelo. Assim, é importante assegurar que o seu termocirculador tenha potência suficiente para reaquecer o banho rapidamente. Deixar o banho 5 °C acima da temperatura desejada ajuda a não abaixar tanto a temperatura ao se colocar a carne congelada.

## Cocção direta e cocção indireta

Na técnica *sous vide*, podem ser utilizadas estas duas estratégias de cocção: (i) a cocção direta, que é cozinhar para consumo imediato do alimento; e (ii) a cocção indireta, que é cozinhar e, em seguida, refrigerar esse alimento para armazenamento.

A temperatura ideal para carnes, peixes e frutos do mar está no intervalo entre 45 °C e 60 °C, o que significa servir o alimento na temperatura de zona de perigo de crescimento microbiano. Por isso, nessa estratégia, é importante levar em conta duas regras: (i) a cocção direta não possibilita armazenamento após a cocção; e (ii) o alimento utilizado tem de ter ótima qualidade.

É preciso ter cuidado ao manter o alimento em temperaturas acima de 5 °C e abaixo de 60 °C por muitas horas. As bactérias prosperam nessa faixa de temperatura. Então, é importante reduzir a contaminação da superfície do alimento tanto quanto possível no começo. Além disso, a pasteurização é necessária para a cocção indireta, pois, após a cocção, o alimento será resfriado e somente depois será regenerado para o serviço. Cozinhar apenas para atingir uma temperatura-alvo não é o suficiente para pasteurizar, o tempo de exposição a essa temperatura é fator crucial para o sucesso da operação. Vale ressaltar que o tempo necessário varia conforme o tipo de alimento e sua espessura.

A cocção indireta não visa apenas alcançar a temperatura coração, mas também manter a temperatura desejada por determinado tempo. Isso se deve a dois objetivos principais: (i) amaciar alimentos duros; e (ii) fazer a pasteurização. Essa estratégia é utilizada para cocções em baixa temperatura que necessitem de um longo período para hidrolisar o colágeno sem perder suculência, cor e sabor.

A dica para transformar carnes mais firmes em pedaços macios e suculentos é transformar o colágeno em gelatina por meio de temperaturas baixas. Para isso, é necessário tempo. Nesse caso, é preciso manter, por algum tempo, a carne na temperatura coração desejada. Quanto menor a temperatura de cocção, maior será o tempo para gelatinizar o colágeno.

## Regeneração

Os preparos feitos com cocção indireta precisam ser regenerados no momento de servi-los, a menos que sejam consumidos frios. O objetivo desse processo é recuperar a temperatura de serviço com o mínimo de agressão ao alimento. Para isso, alguns cuidados devem ser tomados na regeneração. Em primeiro lugar, o alimento refrigerado levará aproximadamente o mesmo tempo para atingir a temperatura

*SOUS VIDE* E CHURRASCO

do núcleo-alvo quando reaquecido ou quando cozido, o que pode prejudicar o planejamento de seu serviço. Em segundo lugar, tome cuidado para não cozinhar demais a comida ao reaquecê-la, senão todo o controle cuidadoso do tempo e da temperatura durante a cocção *sous vide* terá sido em vão.

Para produtos que foram congelados – principalmente peças grandes, como um pernil suíno –, recomenda-se prévio descongelamento em geladeira a 5 °C por 48 horas, para que o tempo de se restabelecer a temperatura de serviço não exceda os limites seguros de tempo na zona de crescimento bacteriano. Alimentos congelados levarão muito mais tempo.

No churrasco, além de reaquecer o alimento, é necessário finalizá-lo para dar sabor e cor criados pela reação de Maillard (ver descrição desse processo mais adiante). Na maioria das carnes, o tempo necessário para finalizar a carne sem que ocorra supercocção da superfície não é suficiente para reaquecer o alimento até o centro. Por isso, é recomendável pôr o alimento em um banho de regeneração antes de levá-lo para a churrasqueira.

O ideal é usar um banho com a mesma temperatura em que foi realizada a cocção, para não perder o ponto da carne. O problema é que o tempo necessário para reaquecer até o centro é quase igual ao necessário para cocção. Na medida em que a finalização expõe o alimento a uma temperatura superior à utilizada na cocção, não há problemas para reaquecê-lo em uma temperatura também mais alta. Em preparos com tempo acima de 12 horas de cocção e com temperaturas superiores a 60 °C, utilizo um banho a 85° C por um curto período (que vai ser relativo à espessura e ao tipo de carne). Em preparos de cocções de até 4 horas e com temperatura do banho abaixo dos 60 °C, opto por um banho a 70 °C.

# Segurança alimentar

Os cuidados que se deve ter com a *sous vide* são diferentes dos adotados nas cocções tradicionais. Isso porque, se eles não forem respeitados, os microrganismos com potencial de gerar uma doença transmitida por alimentos (DTA) podem ser mais perigosos que nas cocções tradicionais.

Um dos principais objetivos da segurança alimentar é tomar medidas higiênico--sanitárias quando o alimento é armazenado, preparado ou servido para evitar a multiplicação bacteriana acima dos limites permitidos por lei. A grande preocupação na CBT está nas bactérias *Salmonella* spp., *Clostridium botulium*, *Escherichia coli* O157 e *Listeria monocytogenes*. Todas essas bactérias podem crescer em um ambiente anaeróbico de um saco embalado a vácuo, além de serem mesófilas, ou seja, apresentam crescimento ótimo em temperaturas entre 25 °C e 40 °C.

Alguns fatores podem influenciar a segurança microbiológica, como: forma de produção, transporte, armazenamento e meio de manipulação. Todos esses fatores

**32** |

*SOUS VIDE*

determinam, também, a eficácia do tratamento térmico e a possível proliferação de patógenos.

A pasteurização age como um fator higienizante que aumenta a conservação, já que reduz os microrganismos que deterioram o produto. Esse tipo de tratamento térmico tem dois objetivos básicos: (i) a destruição dos microrganismos patogênicos; e (ii) a inviabilização da maior parte das células vegetativas de bactérias. Com isso, é possível obter uma eficiência bactericida geralmente igual ou superior a 99%; muito provavelmente em decorrência da desnaturação parcial ou total das enzimas necessárias à subsistência ou ao desenvolvimento dos microrganismos. No entanto, esporos, enzimas e até mesmo toxinas de algumas espécies termorresistentes podem ser observadas inclusive após a pasteurização. A combinação de temperatura e tempo para matar 99% de determinada população depende de diversos fatores. O fator mais importante é o tipo de bactéria, porque a tolerância ao calor varia amplamente entre as espécies.

É preciso se ter cuidado ao manter o alimento em temperaturas acima de 5 °C e abaixo de 60 °C por muitas horas. As bactérias prosperam nessa faixa de temperatura. Então, é importante reduzir a contaminação da superfície do alimento tanto quanto possível no começo. Além disso, a pasteurização é necessária para os alimentos que não serão consumidos logo após a cocção *sous vide*, ou seja, após a cocção, o alimento será resfriado, para somente depois ser regenerado para o consumo.

Com o emprego correto da relação temperatura e tempo, é possível pasteurizar os alimentos, o que possibilita resfriá-los para utilização posterior segura. Cozinhar apenas para atingir uma temperatura-alvo não é o suficiente para pasteurizar; o tempo de exposição a essa temperatura é fator crucial para o sucesso da operação. O tempo necessário varia conforme o tipo de alimento e sua espessura.

# CARNES

## Carnes macias e carnes firmes

Para se obter os melhores resultados possíveis na cocção de carnes com a técnica *sous vide*, é importante entender o efeito da cocção na estrutura da carne. Existem três fatores que mais influenciam a textura das carnes: (i) a quantidade de fibras musculares; (ii) a quantidade de tecido conjuntivo que as envolve; e (iii) a marmorização (gordura entre as fibras musculares). Como o colágeno é o principal componente do tecido conjuntivo que envolve feixes e fibras musculares, é possível dizer que a quantidade dessa proteína é determinante para uma carne ser mais macia ou mais firme.

Quanto maior a força exercida pelo músculo, mais tecido conjuntivo é necessário para reforçá-lo e mais forte será a ligação entre os colágenos. Músculos que exercem grande força têm colágeno forte e feixes musculares mais espessos, o que torna a carne mais resistente e firme. A paleta, por exemplo, é a pata dianteira do animal, que, além de servir para sustentação, é muito exigida toda vez que ele se levanta. Por isso, esse músculo tem bastante colágeno com ligações fortes.

Ao trabalhar com cortes macios, como o filé-mignon, não é preciso se preocupar com o colágeno, em razão da baixa quantidade e da pequena força de ligação entre suas proteínas. Nos cortes mais firmes, são necessárias longas cocções para amaciar o colágeno. Isso é possível porque, com o aumento da temperatura, as ligações entre as moléculas de colágeno se quebram e o colágeno gelatiniza. O tempo para isso ocorrer está diretamente relacionado com a temperatura de cocção.

Temperaturas entre 57 °C e 60 °C são capazes de alcançar esse objetivo, mas levam um grande tempo de cocção. Temperaturas acima de 60 °C aceleram esse processo, mas o colágeno se contrai e expulsa água antes de gelatinizar. Entretanto, quando o colágeno gelatiniza, confere novamente suculência à carne, porque, ao gelatinizar, imobiliza novamente a água que foi liberada.

Uma grande dificuldade ao se trabalhar com carnes é modificar sua textura sem perder a suculência. A cocção *sous vide* é uma ferramenta que ajuda a contornar esse problema, porque possibilita o controle do processo de transformação das proteínas das fibras musculares e do tecido conjuntivo. Há, porém, um empecilho na cocção de carnes nessa técnica: a renderização da gordura. Sob o ponto de vista técnico, renderizar é executar um processo para fundir e deixar a gordura pura, mas esse termo é muito usado por cozinheiros e churrasqueiros para designar o processo de derreter a gordura da carne na cocção.

*SOUS VIDE* E CHURRASCO

Esse processo se inicia a partir de 55 °C na maioria das carnes, mas leva tempo. Por isso, uma finalização em alta temperatura é muito importante em carnes com bastante gordura. (Neste caso, sempre com muito cuidado para não causar cocção excessiva nem perder todo o ganho do controle de temperatura da cocção *sous vide*.)

## Ponto da carne

De modo geral, a maior parte da literatura associa o ponto à temperatura coração (do centro) da carne:

- Malpassada: 50 °C a 55 °C;
- Ao ponto para malpassada: 55 °C a 60 °C;
- Ao ponto: 60 °C a 65 °C;
- Ao ponto para bem passada: 65 °C a 70 °C;
- Bem passada: 70 °C a 100 °C.

Conseguir alcançar a temperatura coração do ponto desejado em cocções normais demanda prática. A cocção *sous vide* permite de maneira simples atingir a temperatura coração almejada. Cozinhar carnes em temperaturas baixas possibilita, como resultado, uma coloração rosada e homogênea em toda a peça. Esse resultado é possível quando não ocorrem gradientes de cores resultantes da exposição de temperaturas diferentes entre o centro e a superfície da carne.

É importante entender que o ponto da carne é uma questão complexa! Apesar de a maioria das pessoas fixar a atenção apenas na cor, o ponto da carne tem relação com três fatores: (i) cor; (ii) suculência; e (iii) textura. O tempo de exposição da carne, em determinada temperatura, pode afetar o resultado. Por exemplo, uma fraldinha cozida a 55 °C por 2 horas terá coloração, suculência e textura diferentes de outra cozida a 55 °C por 6 horas.

Ao contrário do que muitas pessoas pensam, a diferença de cor entre as carnes não está associada à presença de sangue. Os vasos sanguíneos que servem os músculos são encontrados apenas no tecido conjuntivo que cerca a fibra muscular, e, após o abate, é retirado praticamente todo o sangue do animal. O que determina se uma carne é mais escura que as outras é a presença da proteína mioglobina, cuja função é fornecer oxigênio para as fibras musculares, e é o que confere coloração avermelhada à carne.

Entretanto, a aparência da mioglobina não necessariamente é vermelha; ela pode mudar de cor conforme o ambiente. Em condições certas, a mioglobina combina com o oxigênio e fica com uma cor vermelha brilhante. Na ausência de oxigênio, essa proteína assume uma tonalidade profunda arroxeado-vermelha. Esse efeito é comum nas carnes embaladas e cozidas a vácuo. A mudança de cor é reversível: basta expor ao ar por 5 a 10 minutos a carne embalada a vácuo ou cozida na técnica *sous vide*.

CARNES

A aparência característica de carne crua rapidamente desaparece com a cocção. Uma das primeiras mudanças é que ela se torna cada vez mais opaca. A partir de 50 °C, as proteínas que formam as fibras começam a desnaturar, o que cria uma rede um pouco rígida de proteínas suspensas em água e deixa a carne mais opaca e esbranquiçada. Acima de 66 °C, a mioglobina desnatura e perde a cor vermelha de modo irreversível.

| 39

*SOUS VIDE* E CHURRASCO

# Fatores que afetam a qualidade das carnes

Tabelas prontas com a relação temperatura e tempo são um ponto de partida para decidir os valores a serem usados na cocção *sous vide*, mas não garantem o alcance dos objetivos desejados. Isso ocorre porque as características das matérias--primas são únicas e respondem de diferentes modos à exposição de uma relação temperatura e tempo específica.

Para deixar mais claro, apresento o exemplo de uma costela cozida a 74 °C por 24 horas. Uma costela bovina de um animal que viveu em regiões planas, foi abatido com 2 anos de idade e sem estresse, e que, após o abate, sua carne foi armazenada em tempo e temperatura que permitiram boa maturação, terá um resultado de cocção diferente quando comparada com uma costela de um animal que tenha sido criado, abatido e armazenado de outro modo. Assim, para aplicar a relação temperatura e tempo de maneira correta, é importante entender as características dos alimentos a serem cozidos na técnica *sous vide* e ajustar o binômio conforme as características dos ingredientes utilizados e disponíveis em sua região.

Ao se abordar qualidade da carne bovina, há uma tendência em se resumir qualidade à raça do animal. É claro que a genética influencia bastante, direta e indiretamente, as características da carne no que se refere a quantidade e força do colágeno, marmorização e capacidade de as enzimas proteolíticas amaciarem a carne na maturação.

Todavia, não basta genética! As formas de produção, transporte e abate do animal influenciam demais a qualidade final do seu churrasco. É importante ressaltar que o impacto ambiental, social e econômico gerado pela produção, pelo transporte e pela comercialização dessa carne consiste em características atribuídas à qualidade e deve ser considerado com o mesmo peso usado para as características organolépticas.

Para mim, uma vaca ou um boi saboroso vive feliz no campo e come capim. Penso, sim, que os animais possam ser criados felizes e considero, ainda, a carne de vaca excelente! O sabor da grama ou da forragem não muda o sabor da carne, mas da gordura que envolve os músculos, que, por sua vez, envolvem as fibras musculares. A gordura absorve sabores e faz uma grande diferença no sabor da carne. O *terroir* da pastagem deixa sua marca no sabor da carne.

Antes do abate, as vacas passam por uma fase que chamamos de fase de acabamento ou engorda, a qual dura 3 meses, mais ou menos. Um bom acabamento tem efeito sobre a qualidade da carne e é feito de maneira diferente de acordo com o que o animal tem sido alimentado durante as estações do ano.

Um grande inimigo da qualidade da carne é o estresse. Após o abate do animal, o estresse impacta o pH da carne, no momento do *rigor mortis*, e sua capacidade de se beneficiar com as transformações causadas pela maturação. No entanto, não é apenas o estresse gerado no transporte para o frigorífico e a hora do abate que

CARNES

afetam negativamente a qualidade da carne. Durante toda a vida do animal, o estresse pode influenciar muito a maciez da carne.

Assim, é muito simplista e até errôneo afirmar que a carne de Angus é melhor que a de Nelore. Quem produziu, onde e como foi produzido são informações muito relevantes quando o foco são os fatores que afetam a qualidade da carne.

# FOGO

Alguns cozinheiros mais tradicionais criticam a cocção *sous vide* porque esta, por si só, não produz todos os sabores, todas as cores e texturas produzidos pelos métodos mais antigos, especialmente em carnes. Selar carnes e vegetais depois de terem sido cozidos com a técnica *sous vide* resolve esse problema. Na verdade, adicionar um passo final à cocção *sous vide* é simples e contribui para que o cozinheiro alcance o resultado superficial de qualquer estratégia de cozimento tradicional, mantendo e melhorando consideravelmente o controle sobre as transformações no interior do alimento. O grande objetivo de selar depois do banho de cocção é criar condições para ocorrer a reação de Maillard.

Na verdade, a reação de Maillard é um conjunto de reações que produzem alteração de cor, sabor e aroma. Para mim, o produto mais importante da reação de Maillard não é a cor, mas, sim, os sabores e aromas criados. As moléculas criadas nessa reação são responsáveis pelos cheiros e sabores característicos que associamos a alimentos assados e fritos. O que começa como uma simples reação entre aminoácidos e açúcares rapidamente se torna mais complicada: as moléculas produzidas continuam reagindo de maneiras cada vez mais complexas, gerando centenas de novos tipos de moléculas. A maioria dessas novas moléculas é produzida em quantidades incrivelmente pequenas, o que não significa que o sabor e aroma dos alimentos sejam afetados.

Em geral, a reação de Maillard não ocorre até que o alimento alcance, pelo menos,130 °C; uma temperatura muito acima da que se trabalha na cocção *sous vide*. Uma vez iniciadas, no entanto, as reações continuam até mesmo se a temperatura diminuir. Selar antes da cocção pode adicionar profundidade ao sabor de receitas feitas com a técnica *sous vide*. Selar antes pode ser, também, um meio conveniente de se pôr marcas de grelha em peixe ou frango antes de ensacar, simplificando, assim, o passo de reaquecimento para o serviço.

Quando uma crosta crocante é importante, no entanto, devemos selar somente após a *sous vide* ou selar a comida novamente depois que a embalagem é aberta. Isso porque qualquer crosta formada antes de embalar é perdida durante a cocção *sous vide*. É muito importante que a finalização após a cocção seja em temperatura alta, para que se obtenham rapidamente cor, sabor e aromas sem perder a suculência do alimento.

Hoje é possível usar diferentes fontes de calor no churrasco: gás, eletricidade, carvão e lenha. Os dois primeiros são cada vez mais usados em restaurantes e em casa por serem mais convenientes e eficientes. Na maior parte dos preparos com carne na cozinha, a fonte de calor não interfere muito no sabor final. No caso de churrasco e defumados, a lenha ou o carvão não tem apenas a função de ser a fonte de calor para cocção, mas também de dar sabor e aromas.

*SOUS VIDE* E CHURRASCO

Uma grelha com carvão pode proporcionar mais de 400 °C à superfície da carne, muito mais quente que as churrasqueiras de gás padrão sem queimadores infravermelhos. Esse calor alto é exatamente o que é preciso para finalizar as carnes cozidas em *sous vide*. Outra grande vantagem do carvão é a fumaça, um subproduto de combustão. Além disso, o carvão produz uma ampla gama de moléculas de sabor.

Para muito churrasqueiro de apartamento, a quantidade de fumaça gerada pelo carvão e pela lenha é um impeditivo para seu uso. Caso se utilize uma grelha elétrica ou a gás, para dar um pouco de sabor de fumaça para a carne, é possível empregar raspas de madeira. Além disso, um pouco (às vezes, muita quantidade!) de fumaça é produzida quando os alimentos gotejam gorduras e sucos em superfícies quentes, o que pode dar um pouco de sabor de fumaça ao alimento (mas não um sabor defumado de qualidade, na minha opinião).

A seguir, serão apresentadas algumas sugestões de receitas que mesclam cocção *sous vide* com finalização na brasa. Alguns preparos contêm apenas o tempo e a temperatura de cocção sugeridos, uma vez que, para esse tipo de cocção e cortes de carne, o mais importante é alcançar a temperatura coração desejada e fazer uma finalização rápida na churrasqueira para não se perder o ponto.

As relações temperatura e tempo exibidas neste livro foram escolhidas por proporcionarem um resultado que agrada a maioria das pessoas e foram pensadas para cocção de carnes e vegetais com a espessura média encontrada no mercado. O ponto da carne é uma questão complexa e muito pessoal. Além disso, é importante destacar que tabelas prontas com a relação temperatura e tempo são um ponto de partida para decidir os valores a serem usados na cocção *sous vide*, mas não garantem o alcance dos objetivos desejados. Sinta-se livre para testar novas relações e alcançar o resultado que mais lhe dê prazer ou seja mais adequado à matéria-prima disponível em sua região.

FOGO

| 45

SOUS VIDE E CHURRASCO

# Assado de tira (57 °C por 2 horas)
# Linguiça suína (66 °C por 1 hora)
# Picanha fatiada (54 °C por 1 hora)

***Short ribs*** (54 °C por 2 horas)
**Picanha inteira** (54 °C por 2 horas)

SOUS VIDE E CHURRASCO

# Paleta de cordeiro

## INGREDIENTES

1 paleta de cordeiro pequena
1 ramo pequeno de alecrim
500 mL de vinho branco
1 cebola grande
1 cabeça de alho
20 g de mostarda à l'Ancienne
Sal (1,5% do peso da carne)
Azeite a gosto

## MODO DE PREPARO

Limpe a paleta retirando o excesso de gordura.

Processe o alecrim, o vinho, a cebola, os dentes de alho descascados, a mostarda e o sal.

Junte a mistura com a paleta e deixe marinando por, no mínimo, 3 dias na geladeira.

Retire o excesso da marinada e envase a paleta.

Leve a paleta ao banho a 74 °C por 24 horas.

Resfrie.

Leve a paleta para a grelha (guarde o caldo que ficou na embalagem para fazer outro preparo, como um molho para acompanhar a paleta!).

Corrija o sal, finalize com azeite e sirva.

*SOUS VIDE* E CHURRASCO

# Milho-verde grelhado

## INGREDIENTES

3 espigas de milho-verde
Sal
120 g de manteiga

## MODO DE PREPARO

Tempere os milhos-verde com sal.
Envase as espigas de milho-verde com 100 g de manteiga.
Leve ao banho a 85 °C por 1 hora e 30 minutos.
Resfrie.
Leve para a grelha.
Corrija o sal, derreta a manteiga restante, coloque no preparo e sirva.

## OBSERVAÇÕES

O milho-verde é um dos vegetais que mais se beneficia na cocção *sous vide* e ao mesmo tempo é um dos mais desafiadores para cozinhar. Como não há perda de açúcares e sabor para a água de cocção, o sabor do milho cozido com a técnica *sous vide* é muito concentrado ou, como diz a filha de um amigo: "Tem muito sabor de milho!" Dada a porosidade da espiga, a embalagem com milho tende sempre a boiar no banho. Uma sugestão: depois de envasar o milho, embale-o novamente com um pesinho (um prato pequeno, por exemplo).

SOUS VIDE E CHURRASCO

# Costela bovina (74 °C por 24 horas [firme] e 82 °C por 18 horas [desmanchando])

# Fraldinha (57 °C por 1 hora e 30 minutos)

*SOUS VIDE* E CHURRASCO

# Coxinha da asa de frango

## INGREDIENTES

1 kg de coxinha da asa de frango
1 cebola
Suco de 1 laranja
10 mL de *shoyu*
10 mL de molho Worcestershire (ou molho inglês)
4 folhas frescas de sálvia
Sal a gosto
5 g de pimenta-do-reino moída

## MODO DE PREPARO

Limpe as coxinhas retirando o excesso de gordura.

Processe a cebola, o suco de laranja, o *shoyu*, o molho Worcestershire, as folhas frescas de sálvia, o sal e a pimenta-do-reino moída.

Junte a mistura com as coxinhas e deixe marinando por, no mínimo, 4 horas na geladeira.

Retire o excesso da marinada e envase as coxinhas.

Leve ao banho a 66 °C por 3 horas.

Resfrie.

Leve para a grelha.

Corrija o sal e sirva.

SOUS VIDE E CHURRASCO

# *Prime rib* (54 °C por 2 horas)

# Cupim (74 °C por 20 horas)

| 57

SOUS VIDE E CHURRASCO

# Hambúrguer

## INGREDIENTES

450 g de peito bovino (limpo)

300 g de fraldinha

250 g de gordura de peito bovino

Sal e pimenta-do-reino

Manteiga clarificada

Fatias de queijo de minas curado

Fatias de bacon

Pão brioche

Maionese defumada (ver receita na p. 98)

## MODO DE PREPARO

Moa as carnes com a gordura duas vezes no moedor de carne.

Molde o hambúrguer com a mão (gosto de fazer com 180 g da carne moída) e o envase.

Leve ao banho a 63 °C por 40 minutos.

Resfrie.

Tempere com sal e pimenta.

Pincele com manteiga clarificada e leve para a grelha.

Após 1 minuto, vire a carne.

Passado mais 1 minuto, coloque o queijo e o bacon, borrife um pouco de água e tampe por 1 minuto.

Sirva com a maionese defumada.

## OBSERVAÇÕES

(1) Quanto ao tempo de preparo e à praticidade, o hambúrguer feito com a técnica *sous vide* é muito interessante, principalmente se você não servir malpassado ou no ponto para malpassado. Ao moer a carne, todos os microrganismos que estão na superfície da peça entram em contato com toda a carne. Além disso, provavelmente o hambúrguer feito com a técnica *sous vide* será resfriado para ser consumido depois, fazendo a carne passear algumas vezes na zona crítica de crescimento microbiano. Por isso, é importante, nesse preparo, realizar a pasteurização da carne, então não indico temperaturas abaixo de 60 °C (mesmo sabendo que é possível pasteurizar com temperaturas mais baixas). (2) Deve-se levar em conta o modo de finalização para se calcular a quantidade de gordura do hambúrguer. Nesta receita, utilizo a quantidade recomendada para parrilha: 25% a 30%. Para finalizar na frigideira, sugiro um pouco menos, 20% de gordura. (3) Aproveite o banho de cocção para fazer manteiga clarificada. Envase a manteiga e deixe-a no banho até derreter. Resfrie e depois separe a gordura da parte líquida.

SOUS VIDE E CHURRASCO

FOGO

| 61

SOUS VIDE E CHURRASCO
# Polvo para grelhar

FOGO

## INGREDIENTES

Polvo médio (de 2 a 3 kg)
1 ramo pequeno de alecrim
Páprica picante
Azeite de oliva
Sal

## MODO DE PREPARO

Lave o polvo em água corrente e limpe as ventosas.

Retire as vísceras da cabeça e a cartilagem da boca.

Corte a cabeça (pode cozinhar com os tentáculos e depois usar para outro preparo).

Coloque na embalagem o polvo, o alecrim, o azeite, tempere com sal e envase.

Leve ao banho a 82 °C por 4 horas.

Resfrie.

Leve para a grelha (guarde o caldo que ficou na embalagem para fazer outro preparo, como um arroz de polvo!).

Corrija o sal, finalize com azeite e sirva.

SOUS VIDE E CHURRASCO

# Cenourinhas para grelhar

## INGREDIENTES

500 g de cenourinhas com ramas
1 ramo pequeno de alecrim
10 g de manteiga
Sal
Azeite de oliva

## MODO DE PREPARO

Lave as cenourinhas, retire suas folhas (guarde-as para fazer uma bela salada!).
Coloque na embalagem as cenourinhas e o alecrim, tempere com sal e envase.
Leve ao banho a 85 °C por 1 hora.
Resfrie.
Leve para a grelha.
Corrija o sal, finalize com azeite e sirva.

SOUS VIDE E CHURRASCO

# Alho-poró para grelhar

## INGREDIENTES

1 alho-poró cortado ao meio (se for muito grande, corte em dois ou três pedaços)
20 mL de azeite de oliva
1 ramo pequeno de tomilho
Sal e pimenta-do-reino

## MODO DE PREPARO

Coloque na embalagem o alho-poró, o tomilho, o azeite. Tempere com sal e pimenta, e envase.
Leve ao banho a 85 °C por 40 minutos.
Resfrie.
Leve para a grelha.
Corrija o sal, finalize com azeite e sirva.

*SOUS VIDE* E CHURRASCO

# Salada de beterraba

## INGREDIENTES

500 g de beterraba pequena
50 mL de aceto balsâmico
50 mL de azeite de oliva
Salsa picada
Sal e pimenta-do-reino

## MODO DE PREPARO

Tempere as beterrabas com sal e envase.
Leve ao banho a 85 °C por 2 horas.
Leve para grelhar até queimar a casca.
Retire a casca com uma colher.
Resfrie.
Corte as beterrabas em quatro e misture-as com o aceto e o azeite.
Tempere com sal e pimenta.
Finalize com a salsa picada.

# FUMAÇA

Fumaça é tempero! Simples assim. A fumaça é muito mais que um simples gás. Na verdade, ela é uma mistura de todos os três estados da matéria: (i) partículas sólidas de fuligem; (ii) gotículas minúsculas de líquido suspenso em ar; e (iii) produtos químicos vaporizados. Duas dessas três fases são visíveis: altas concentrações de fuligem transformam a fumaça em grossa e preta, enquanto as gotículas translúcidas de óleos e a água aparecem como uma fumaça translúcida quase azulada.

Os gases invisíveis da fumaça contêm quase todos os compostos que vão alterar a cor, dar sabor e preservar a comida defumada. Embora eles tipicamente sejam apenas 10% do volume da fumaça, esses gases fazem quase todo o trabalho. O motivo pelo qual os gases são tão importantes é que a maioria dos compostos de sabor consiste em produtos químicos orgânicos, que, como o óleo, não se dissolvem na água.

Os alimentos contêm muita água, então gotículas líquidas da fumaça não são capazes de penetrá-los. Produtos químicos orgânicos vaporizados, em contrapartida, flutuam ao redor como moléculas. Ao entrarem em contato com a comida, essas substâncias podem ser facilmente absorvidas. Uma vez que isso ocorre, as moléculas de sabor reagem com os compostos dos próprios alimentos. E, ao contrário das gotículas de fumaça, essas substâncias se movem em direção ao centro da comida.

Defumar antes da cocção *sous vide* faz com que haja mais tempo para que essas substâncias penetrem no alimento. Como no sal e em outros temperos, temos de ficar bem atentos para não extrapolar no sabor da fumaça. Não se assuste se sua cozinha for perfumada com o aroma da fumaça ou com a mudança da cor de seu banho de cocção. As moléculas de sabor da fumaça são tão pequenas que são capazes de passar pela embalagem para o banho, deixando a água com uma coloração amarelada.

É possível fazer a defumação após a cocção *sous vide*. Enquanto a superfície do alimento permanecer úmida, as substâncias aromáticas da fumaça continuarão a ser absorvidas pela carne. O grande cuidado que se deve ter nesse caso é o controle de temperatura e tempo de defumação.

De modo diferente da carne crua, é muito mais fácil ressecar a superfície da carne já cozida na defumação. Isso vai impedir a absorção dos sabores da fumaça e causar perda da suculência de seu preparo. Superfícies frias atraem mais fumaça – então,

*SOUS VIDE* E CHURRASCO

para defumar após a cocção *sous vide*, é interessante iniciar por um alimento resfriado para diminuir o tempo necessário de defumação.

Na defumação, a lenha tem duas funções: (i) criar fumaça; e (ii) liberar calor. Apesar de estarem conectadas, é preciso saber o que realmente se deseja naquele momento da cocção. Em alguns momentos, o objetivo é pôr bastante lenha com a função de produzir mais calor. Em outros, o que interessa é uma fumaça de qualidade para impregnar sua carne com sabor e aroma.

Um problema da lenha é sua dificuldade em controlar o fogo. Conseguir segurar por bastante tempo a temperatura para defumar um *brisket* não é fácil sem um pouco de técnica. A queima da lignina produz grande parte dos sabores de fumaça e gera mais calor que celulose.

A temperatura de combustão da lenha e o aporte de oxigênio afetam diretamente a emissão de poluentes nocivos com a fumaça. Altas temperaturas de combustão sempre acarretam produção elevada de hidrocarbonetos poliaromáticos (HPAs), enquanto métodos controlados tendem a produzir fumaças praticamente isentas desses compostos com potencial cancerígeno.

Qual é a dica para produzir fumaça de grande sabor? Uma boa madeira seca. A lenha fresca tem muita água, até 50% em peso, por isso produz muito vapor, bem como sabores e aromas desagradáveis durante a combustão. Até mesmo a madeira seca apresenta um pouco de umidade: de 5% a 20%. Da massa restante, cerca de 38% são de celulose, 38% de hemicelulose, 18% de lignina e 1% é de minerais. Evite madeiras como cipreste, pinheiro, sequoia e cedro. A madeira de coníferas contém muito ar e seiva, o que a faz queimar rápido, produzir sabores desagradáveis e, em alguns casos, substâncias tóxicas. Podem ser usados pedaços grandes, lascas ou pó de serra, tudo dependerá do tipo de defumação e defumador.

FUMAÇA

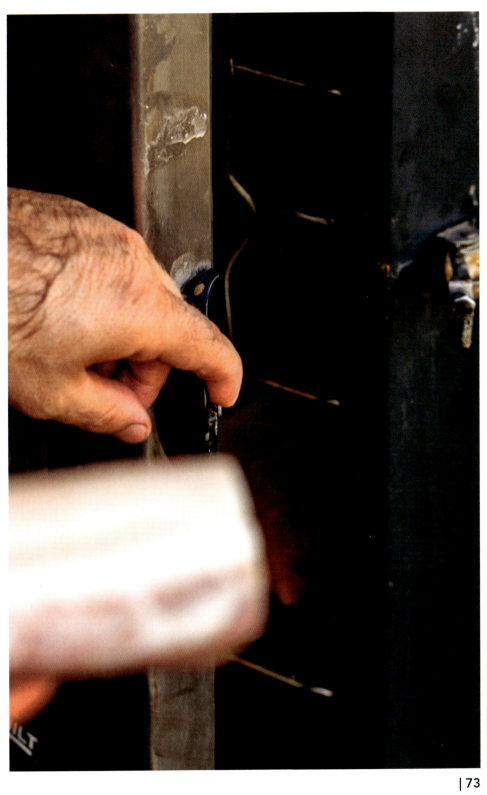

| 73

*SOUS VIDE* E CHURRASCO

FUMAÇA

| 75

*SOUS VIDE* E CHURRASCO
# Sobrecoxa de pato defumada

## INGREDIENTES

2 sobrecoxas de pato

1 folha de louro seca

2 grãos de pimenta-da-jamaica

1 anis-estrelado

Sal (1% a 1,5% do peso total das sobrecoxas)

Pimenta-do-reino

100 mL de *shoyu*

50 mL de melaço de cana

10 mL de molho Worcestershire (ou molho inglês)

## MODO DE PREPARO

Retire o excesso de gordura e limpe o osso da sobrecoxa (uma serrinha para cortar a ponta ajuda!).

Tempere as sobrecoxas com sal e pimenta, e envase com o louro, a pimenta-do-reino e o anis-estrelado.

Leve ao banho a 82 °C por 5 horas.

Resfrie.

Misture o *shoyu*, o melaço e o molho Worcestershire.

Pincele as sobrecoxas com a mistura e leve para defumação a 80 °C por 2 horas.

Pincele com a mistura a cada 30 minutos e de novo antes de servir.

## OBSERVAÇÕES

Ao retirar a sobrecoxa do banho, abra a sacola, retire o líquido e, caso não a defume em seguida, embale-a a vácuo novamente. Esse líquido de cocção depois de resfriado lhe dará dois produtos: uma gordura de pato temperada e um caldo delicioso de pato.

SOUS VIDE E CHURRASCO

# *Brisket*

## INGREDIENTES

1 peito bovino
*Rub* para *brisket* (ver receita na p. 105)
20 g de mostarda de Dijon

## MODO DE PREPARO
### Defumação antes da cocção

Retire o excesso de gordura e as partes muito finas da ponta (guarde tudo para fazer hambúrguer!).

Unte o *brisket* dos dois lados com a mostarda de Dijon (o objetivo é ajudar a grudar o *rub* na carne).

Tempere bem o peito com o *rub* (lembre-se de colocar o *rub* nas laterais).

Defume em um *pitsmoker* a 80 °C por 3 horas.

Resfrie.

Envase o peito.

Leve ao banho a 72 °C por 12 horas.

Retire da embalagem e seque com papel-toalha.

Tempere mais um pouco com *rub* a parte de cima do peito.

Deixe em um forno com convecção a 100 °C por 1 hora ou em um *pitsmoker* por 30 minutos a 80 °C.

Deixe descansar por 10 minutos (o ideal é embalado em papel-alumínio e dentro de uma caixa térmica).

Fatie e sirva.

## MODO DE PREPARO
### Defumação depois da cocção

Retire o excesso de gordura e as partes muito finas da ponta.

Unte o *brisket* dos dois lados com a mostarda de Dijon.

Tempere bem o peito com o *rub*.

Envase o peito.

Leve ao banho a 60 °C por 48 horas.

Retire do banho e resfrie.

Retire da embalagem e seque com papel-toalha.

Tempere mais um pouco com *rub* a parte de cima do peito (você pode fazer isso já no *pitsmoker*).

Defume em um *pitsmoker* a 80 °C por 3 horas.

Deixe descansar por 10 a 30 minutos.

Fatie e sirva.

## OBSERVAÇÕES

(1) Quantidade do *rub*: 3% do peso do peito bovino limpo. (2) Guarde um pouco de *rub* para colocar no peito bovino após a cocção *sous vide*. Isso vai ajudar a formar um *bark* (crosta) bem interessante. (3) Foram apresentados dois tipos de preparo com resultados muito parecidos. Para mim, a receita em que a defumação é feita antes da cocção resulta em um *brisket* mais suculento e com mais sabor de fumaça. A receita com defumação pós-cocção confere, porém, muita praticidade e melhor logística, se considerada uma operação de restaurante, além de formar um *bark* melhor, se comparado com a defumação antes da técnica *sous vide*.

FUMAÇA

SOUS VIDE E CHURRASCO

# Língua e *shiitake* defumados

*FUMAÇA*

## INGREDIENTES

### Língua

1 língua bovina
1 ramo pequeno de alecrim fresco
100 g de manteiga
Sal
Pimenta-do-reino

### Shiitake

200 g de *shiitake*
1 pedaço pequeno de casca de laranja
10 mL de óleo de gergelim
Sal
Pimenta-do-reino

## MODO DE PREPARO

### Língua

Retire as aparas laterais (como nervuras e veias) e descarte-as.
Envase a língua com a manteiga.
Leve ao banho a 63 °C por 72 horas.
Resfrie.
Defume a 80 °C por 2 horas.
Retire a camada externa.
Fatie e tempere com sal e pimenta.
Sele em uma frigideira quente com manteiga e sirva.

### Shiitake

Tempere o *shiitake* com sal e pimenta.
Envase o *shiitake* com a casca de laranja e o óleo de gergelim.
Leve ao banho a 82 °C por 10 minutos. Defume a 80 °C por 20 minutos.
Fatie e sirva.

## OBSERVAÇÕES

A língua é um dos cortes que prefiro o resultado defumando depois da técnica *sous vide* que antes. Cozinhar e defumar a língua, para depois limpá-la, facilita muito o trabalho. Além disso, a camada externa da língua ajuda a controlar a absorção de calor e fumaça durante a defumação. O lado negativo é a dificuldade em agregar sabores na cocção *sous vide*. Caso você prefira defumar antes da *sous vide*, sugiro que retire a camada externa após a defumação. Nesse caso, adicione um ramo pequeno de alecrim e tempere com sal antes de envasar.

*SOUS VIDE* E CHURRASCO

# Costelinha suína com molho *barbecue*

## INGREDIENTES

1 costelinha suína (*baby back ribs*)
1 ramo pequeno de alecrim fresco
Sal
Pimenta-do-reino
Molho *barbecue* caseiro (ver receita na p. 105)

## MODO DE PREPARO

Retire o excesso de gordura e a membrana que envolve os ossos da costelinha (opcional).

Tempere com sal e pimenta.

Lambuze a costelinha com o molho *barbecue*.

Envase a costelinha mais o alecrim.

Leve ao banho a 82 °C por 6 horas.

Defume a 80 °C por 2 horas.

Finalize com o molho *barbecue* e sirva.

SOUS VIDE E CHURRASCO

# *Pulled pork*

## INGREDIENTES

1,5 kg de copa lombo (peça inteira)
50 g de *rub* para *pulled pork* (ver receita na p. 105)
Suco da metade de 1 laranja

## MODO DE PREPARO

Retire o excesso de gordura da peça de copa lombo.

Tempere com o *rub*.

Defume a 80 °C por 2 horas.

Resfrie.

Envase a vácuo.

Leve ao banho a 74 °C por 24 horas.

Retire da embalagem e guarde o suco de cocção.

Peneire o suco (se tiver tempo, refrigere para retirar a gordura e reaqueça para usar).

Em uma vasilha, desmanche a carne (pode servi-la em pedaços grandes, mas vai ser difícil cortá-la sem a desmanchar!).

Finalize com o suco de limão, o *rub* e um pouco do suco de cocção.

SOUS VIDE E CHURRASCO

FUMAÇA

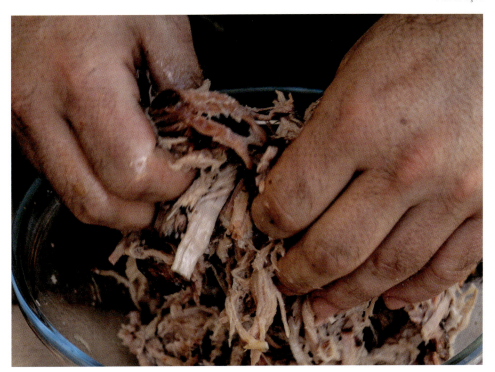

*SOUS VIDE* E CHURRASCO
# Salmão defumado

## INGREDIENTES

Salmão
Azeite de oliva
Sal
Pimenta-do-reino

## MODO DE PREPARO (DEFUMADORA ELÉTRICA)

Limpe o salmão retirando espinhas e pele (opcional).
Tempere com sal e pimenta.
Defume a 80 °C por 20 minutos.
Resfrie.
Envase o salmão com um pouco de azeite.
Cozinhe a 55 °C por 30 minutos.
Corrija o tempero com sal e pimenta.
Sele rapidamente em uma frigideira com azeite e sirva.

## MODO DE PREPARO (DEFUMAÇÃO A FRIO)

Limpe o salmão retirando espinhas e pele.
Tempere com sal e pimenta.
Envase o salmão com um pouco de azeite.
Cozinhe a 55 °C por 1 hora.
Coloque o salmão em uma fôrma pequena e tampe com filme.
Adicione a fumaça com o defumador (uso uma *smoke gun*) e deixe tampado com a fumaça por 3 minutos.
Corrija o tempero com sal e pimenta.
Sele rapidamente em uma frigideira com azeite ou em uma grelha e sirva.

SOUS VIDE E CHURRASCO

FUMAÇA

*SOUS VIDE* E CHURRASCO

# Bacon

## INGREDIENTES

20 g de açúcar mascavo
40 g de sal marinho
Sal de cura
50 mL de *maple syrup* (opcional)
2 kg de barriga de porco

## MODO DE PREPARO

Faça o *rub* misturando o açúcar, o sal marinho e o sal de cura.
Junte o *maple syrup* com o *rub*.
Espalhe essa mistura sobre a barriga de porco e envase.
Reserve na geladeira por 7 a 10 dias.
Retire da embalagem e lave em água corrente.
Seque bem e envase.
Leve ao banho a 63 °C por 24 horas.
Defume a 85 °C por 4 horas.
Reserve refrigerado por 1 dia e utilize do modo que desejar.

## OBSERVAÇÕES

(1) É possível fazer a cura apenas com o sal marinho e o açúcar. A cura mais a cocção longa e a defumação são suficientes para oferecer segurança alimentar para um consumo de até 3 dias após a produção (considerando um armazenamento a vácuo). Para se ter mais tempo de armazenamento, é necessário o uso do sal de cura. (2) No caso do sal de cura, siga as instruções do fabricante sobre a quantidade a ser usada por quilo de carne. (3) Durante a cura na geladeira, vire a carne ao longo do dia para ter uma cura mais homogênea.

SOUS VIDE E CHURRASCO

FUMAÇA

*SOUS VIDE* E CHURRASCO

# Maionese defumada de batata

## INGREDIENTES

3 batatas médias
1 ovo grande
1 carvão em brasa pequeno
100 mL de azeite de oliva
10 mL de vinagre de vinho branco
10 g de mostarda de Dijon
Sal
Pimenta-do-reino
Cebolinha

## MODO DE PREPARO

Cozinhe as batatas com casca em água fervente.
Resfrie.
Cozinhe o ovo a 55 °C por 2 horas.
Resfrie.
Corte as batatas em cubos (tire a casca antes, se preferir).
Em um *bowl* (que não seja de plástico), junte o carvão em brasa com o azeite e tampe.
Acrescente a gema (aproveite a clara para outro preparo!) e o vinagre.
Adicione o azeite aos poucos, misturando com a ajuda de um *fouet*.
Quando a maionese começar a se formar, adicione a mostarda e tempere com sal e pimenta.
Termine de adicionar o azeite até chegar à consistência desejada.
Adicione as batatas.
Finalize com a cebolinha picada e sirva.

## OBSERVAÇÕES

(1) A grande vantagem do uso da técnica *sous vide* nesta receita é a pasteurização do ovo. No entanto, para garantir a segurança alimentar, além da cocção, é necessário usar ovos frescos de qualidade! (2) Se quiser cozinhar a batata também na *sous vide*, corte-a em oito partes, adicione uma gordura (é recomendável usar manteiga), envase e cozinhe em um banho a 85 °C por 1 hora.

SOUS VIDE E CHURRASCO

FUMAÇA

SOUS VIDE E CHURRASCO

FUMAÇA

| 103

# *RUBS* E MOLHO *BARBECUE*

## INGREDIENTES

### *Dry rub* para *pulled pork*
30 g de páprica doce
50 g de açúcar mascavo
50 g de sal
10 g de mostarda amarela em pó
4 g de pimenta-preta em grãos
20 g de alho em pó
4 g de orégano seco
10 g de sementes de coentro
4 g de pimenta calabresa
4 g de erva-doce

### *Dry rub* para *brisket*
250 g de sal
250 g de pimenta-do-reino

### Molho *barbecue* caseiro
400 g de *ketchup*
200 mL de água
50 mL de vinagre de maçã
50 mL de vinagre de vinho branco
50 mL de açúcar mascavo
20 mL de molho Worcestershire (ou molho inglês)
1 g de pimenta-caiena
1 g de cominho
Sal a gosto
Pimenta-do-reino a gosto

## MODO DE PREPARO

Junte todos os ingredientes em uma panela e leve-os ao fogo baixo.
Reduza até ficar com a consistência desejada.
Armazene refrigerado por até 1 mês.

# ANTES DE A BRASA APAGAR

Minha ideia básica aqui era mostrar que a cocção de alimentos em baixa temperatura possibilita alcançar, de maneira rápida e segura, resultados no churrasco que normalmente demandariam muita técnica e experiência. Ao detalhar as características da técnica *sous vide* e suas possibilidades de uso na brasa e na defumação, tentei demonstrar a utilidade dela, tanto em restaurantes como no churrasco em casa, no fim de semana. Antes de chegarmos ao término do livro, gostaria de ressaltar dois pontos abordados ao longo do texto.

Primeiro, selecionar matéria-prima de qualidade é tão fundamental para ter sucesso na cocção *sous vide* quanto escolher a relação temperatura e tempo. Não é possível conseguir que, com a cocção *sous vide*, uma carne de má qualidade adquira textura e sabor comparáveis aos de uma carne premium.

Segundo, além do corte e da raça, outros fatores como as formas de produção e de abate influenciam muito na qualidade da carne e impactam diretamente o comportamento dessa matéria-prima nas diferentes relações temperatura e tempo de cocção. Como dito repetidamente, tabelas prontas com a relação temperatura e tempo são um ponto de partida para decidir os valores a serem usados, mas elas não garantem que os objetivos desejados sejam alcançados. Sinta-se livre para testar novas relações a fim de obter o resultado que mais lhe dê prazer ou que seja mais adequado à matéria-prima disponível em sua região.

Por fim, quero relembrar o verdadeiro significado do churrasco para mim: uma excelente desculpa para reunir amigos em volta de um fogo e de uma boa comida. Chegar com todos os preparos pré-cozidos em *sous vide* pode dar mais praticidade, mas, por outro lado, pode encurtar o tempo que você tem com as pessoas queridas que estão a seu redor. Tente buscar o equilíbrio entre praticidade e agilidade, porque, como um velho ditado dizia: "Barriga cheia, pé na areia."

# REFERÊNCIAS

ANGÈ, D. *Atmosfera zero: viaggio nel gusto a bassa temperatura*. Milano: Italian Gourmet, 2016.

ARAÚJO, W. M. C. *et al. Alquimia dos alimentos*. 2. ed. Brasília: Senac, 2011.

BARRETO, R. L. P. *Passaporte para o sabor: tecnologias para elaboração de cardápios*. 7. ed. São Paulo: Editora Senac São Paulo, 2008.

CITTERIO, A. *CBT: cottura a bassa temperatura*. Firenze: Giunti Editore, 2017.

DAMODARAN, S.; PARKIN, K.L.; FENNEMA, O. R. *Química de alimentos de Fennema*. 4. ed. Porto Alegre: Artmed, 2010.

FETTERMAN, L. Q. *Sous vide at home*. Berkeley: Ten Speed Press, 2016.

FRANKLIN, A. *Franklin barbecue: a meat-smoking manifesto*, 2015.

GERMANO, P. M. L.; GERMANO, M. I. S. *Higiene e vigilância sanitária dos alimentos: qualidade das matérias-primas, doenças transmitidas por alimentos, treinamentos de recursos humanos*. 5. ed. Barueri: Manole, 2015.

GOLDWYN, M. *Meathead: The science of great barbecue and grilling*. Boston: HMH Books, 2016.

HAUMONT, R. *Um químico na cozinha: a ciência da gastronomia molecular*. Rio de Janeiro: Zahar, 2016.

HEITZEBERG, J.; LOWRY, E.; SAUNDERS, C. *Craft beef: a revolution of small farms and big flavors*. Potomac: New Degree Press, 2018.

JAMES, S. *The essential sous vide cookbook*. Berkeley: Rockridge Press, 2016.

KELLER, T. *Undeer Pressure: cooking sous vide*. New York: Artisan, 2008.

LE CAISNE, A. *Le manuel du garçon boucher*. Paris: Hachette Livre (Marabout), 2017.

LUISE, F. *Cottura abbattimento ritorno: food management del XXI secolo*. Gênova: Bibliotheca Culinaria, 2015.

MAINCENT-MOREL, M. *La cuisine de reference: techniques et préparations de base fiches techniques de fabrication.* Paris: Editions BPI, 2003.

MCGEE, H. *Comida e cozinha: ciência e cultura culinária.* 2. ed. São Paulo: Editora Wmf Martins Fontes, 2014.

MYHRVOLD, N.; YOUNG, C.; BILET, M. *Modernist cuisine: the art and science of cooking.* Bellevue: The Cooking Lab, 2011.

ROCA, J.; BRUGUÉS, S. *La cocina al vacio sous vide cuisine.* 6. ed. Barcelona Montguad Editores, 2014.

SILVA JUNIOR, E. A. *Manual de controle higiênico-sanitário em serviços de alimentação.* 7. ed. São Paulo: Livraria Varela, 2014.